MISCELLANÉES

PAR

Henri BARDY

SAINT-DIÉ

IMPRIMERIE HUMBERT

—

1898

A PROPOS D'EMPOISONNEMENT

PAR LES CHAMPIGNONS

On a dit avec beaucoup de raison que l'automne est le printemps des champignons. Cela est parfaitement vrai, et le sera, croyons-nous, plus particulièrement cette année. La température assez élevée, un état hygrométrique suffisamment prononcé, des alternatives de soleil et de pluie, la tension électrique de l'atmosphère qui, sans être très forte, est persistante, un sol échauffé dont l'humidité se vaporise en tièdes buées, sont autant de conditions météorologiques qui ont dû singulièrement favoriser la germination des spores et activer leur floraison sous forme de champignons aussi nombreux que variés.

Que les mycophages, ou mangeurs de champignons, se tiennent donc sur leur garde ! Déjà les journaux signalent des cas d'intoxication. Hier, le *Ralliement* (de Belfort) en publiait un très grave : toute une famille de Grandvillars (Haut-Rhin) était empoisonnée; le père et la domestique ont succombé ; l'état des autres personnes reste grave. Aujourd'hui, c'est à Saint-Dié, où un nommé Philippe, sa femme et ses enfants viennent d'être victimes de leur repas de dimanche soir, composé de champignons cueillis, comme toujours, sans le moindre discernement et avec la plus complète ignorance de ce genre de récolte.

Tous les ans, à pareille époque, les journaux ont beau prodiguer les avertissements et les conseils. Sans cesse ils se heurtent contre l'insouciance et surtout l'amour-propre, aussi puéril que ridicule, de ces soi-disant amateurs qui prétendent connaître les champignons mieux que personne. A les entendre, ils ont de tout temps mangé telles ou telles espèces qu'on leur indique comme nuisibles, ou tout au moins suspectes. Leur entêtement est prodigieux, et rien ne peut les en faire démordre.

On remarquera que c'est ordinairement dans les classes populaires qu'ont lieu les accidents par les champignons. C'est souvent dans la nuit du dimanche au lundi qu'ils arrivent. On a été à la récolte en famille; petits et grands ont, à qui mieux mieux, cueilli ces cryptogames, qui leur promettent un régal sans pareil. Mais, pourquoi ne pas l'avouer, les champignons ne sont généralement que le prétexte d'une ribotte, et pour les faire tous passer dans l'estomac, il faut du vin, beaucoup de vin. Le principe toxique du champignon — quand on a affaire à des Amanites, comme c'est très souvent le cas — est rendu plus soluble par l'alcool du vin bu assez copieusement, et passe plus vite dans le torrent circulatoire. D'autre part, les convives étant dans un état d'ébriété plus ou moins manifeste, qui est naturellement une cause de dépression organique, offrent moins de résistance au poison.

* *

Mais, va-t-on nous objecter, et le chat qui a léché les fonds d'assiettes et n'a pas bu de vin ? C'est vrai, car il y a presque toujours un chat dans ces drames de famille.

L'objection a une réelle valeur. Seulement, pour la résoudre, il faudrait une étude plus approfondie du pouvoir de résistance qu'offrent aux poisons les différentes espèces animales. Certains animaux peuvent être mortellement atteints par des poisons et des doses complètement inoffensifs pour d'autres. Ce serait là une étude de *toxicologie comparée* extrêmement utile et curieuse à faire, dont les éléments se trouvent disséminés dans les travaux des physiologistes et des biologistes, mais qui, pensons-nous, n'ont pas encore été réunis en un corps de doctrine. Un de nos compatriotes les plus distingués, M. René Kœhler, a tenté une étude de ce genre dans une de ses thèses intitulée : *Recherches physiologiques sur l'action des poisons chez les Invertébrés.* Il faudrait étendre ces observations aux animaux supérieurs.

Nous pouvons dès à présent conclure que le chat est très sensible à la *bulbosine* ou *amanitine*, principe toxique de la famille des Amanites, car nous en avons vu, à plusieurs reprises, succomber avant même que les autres personnes eussent éprouvé les premiers malaises.

Citons un exemple. Vers la fin d'Août 1883, eut lieu à Raon-l'Etape un sextuple empoisonnement, celui de la famille Contal. Il était causé par l'Amanite bulbeuse *(A. phalloïdes)*, le même champignon qui vient d'empoisonner la famille Philippe, de Saint-Dié. Les deux chats, qui avaient léché les restes, moururent dès le lendemain, c'est-à-dire une vingtaine d'heures après le repas, et ce ne fut qu'au bout de deux jours que se produisirent, chez les personnes, les premiers symptômes du mal. Au lieu de voir là un avertissement salutaire, on prétendit, dans la maison, que les pauvres bêtes faisaient leur maladie !... Si pourtant on avait eu recours, dès ce moment, à un traitement approprié et énergique, on aurait pu sans doute sauver deux ou trois des six victimes. Le chat Philippe est, lui aussi, mort au début du second jour.

Le chat serait-il un excellent *réactif* vivant du principe vénéneux des Amanites ? On pourrait déjà le soupçonner en lisant le curieux travail du Dr Letellier (*Expériences nouvelles sur les Champignons vénéneux;* Paris, J.-B. Baillière, 1866), où les chats figurent déjà comme réactifs physiologiques.

*
* *

Nous avons sous les yeux le champignon qui a causé la mort des époux Philippe et l'état désespéré dans lequel se trouvent en ce moment deux de leurs enfants. C'est cette abominable Amanite, si belle, si séduisante, si appétissante, mais si perfide et si meurtrière, car ses effets ne se manifestent qu'au bout de vingt-quatre heures au moins, alors qu'il est trop tard pour les combattre. Elle croît en abondance en cette saison. Certes, elle ne ressemble pas tout à fait à sa cousine, l'Amanite rougeâtre (*A. rubescens*), mais il est rare que les récolteurs-amateurs, avec leur étourderie, leur vanité et leur imprudence, surtout quand les enfants s'en mêlent, n'en glissent pas quelques-unes dans leurs cueillettes. Aussi notre expérience — déjà longue — nous persuade-t-elle que les

consommateurs de *Golmelles* ou de *Golmottes*
— tels sont les noms vulgaires locaux de
l'Amanite rougeâtre, — succombent le plus
souvent pour avoir mangé de ces champignons, parmi lesquels se trouvaient, par mé-
garde, quelques Amanites bulbeuses.

Il faut avoir grand soin de se défier de ces
noms vulgaires. Ainsi, l'*A*. rougeâtre, que
nous ne cesserons, à tort ou à raison, de répu-
dier à cause de sa parenté compromettante,
partage ses noms de *Golmotte* et de *Golmelle*
avec une des meilleures espèces, la Lépiote
élevée (*L. procera*) ou *Couleuvrée*, appelée
aussi *Quiche* en Lorraine, et encore *Coule-
melle* et *Cormelle,* deux noms trop rapprochés
des premiers pour ne pas causer des erreurs.

Du reste, la synonymie, qu'elle soit vulgaire
ou scientifique, est non-seulement des plus
déplorables, mais des plus dangereuses en
mycologie. Elle est cause de la difficulté que
présente cette partie de la Botanique. Avec
tous les noms que les savants ne cessent
de donner, avec leur monomanie de créer
de nouveaux genres, des familles, des espèces et des variétés nouvelles pour des diffé-

rences futiles et souvent imperceptibles, ils font l'anarchie la plus complète, aussi déplorable en science qu'en politique. Il y a longtemps que le docteur Jules de Soyre a fait cette constatation, mais sans succès, hélas ! « Un besoin des plus urgents, disait-il en 1864, dans la *Gazette des Hôpitaux*, ce serait de réformer une nomenclature désordonnée qui fait d'un champignon l'objet de 25, 30 et même 40 synonymies scientifiques, richesse fâcheuse qui accumule les difficultés et les ténèbres dans une matière déjà bien assez obscure. Espérons que de nouveaux travaux parviendront à faire assigner à chaque champignon la place qu'il doit définitivement occuper. Ce serait une belle conquête faite au profit de l'hygiène générale et de la science toxicologique. »

On peut se rendre compte, par ce qui précède, de tous les *desiderata* que soulève cette importante question de l'alimentation par les champignons. Tout le monde en veut manger, et on en vend librement sur les marchés.

Ainsi, à Epinal, de Mai à Décembre 1896, on en a vendu environ 450 paniers, d'une valeur approximative de 2.500 francs (5.000 kil.)

Dans cette ville, la vente en est soigneusement surveillée par le vétérinaire-inspecteur municipal. L'année dernière, il y a eu de nombreuses saisies, tant de champignons véreux et non autorisés que de vénéneux. Au nombre de ces derniers, le rapport de M. l'Inspecteur cite deux des plus toxiques amanites : l'*A. phalloïde* et l'*A. panthère*. Celle-ci a une certaine ressemblance avec l'*A. rougeâtre*, avec laquelle on la confond assez souvent. N'y aurait-il pas lieu de prendre à Saint-Dié de pareilles mesures de précaution.

A notre avis, on devrait bannir de la consommation toutes les espèces qui composent cette redoutable famille des amanites. Cela éviterait bien des dangers. Libre aux amateurs d'aller les cueillir eux-mêmes et de s'en régaler à leurs risques et périls.

26 Août 1897.

LES AMANITES & LEURS POISONS

La lugubre série des empoisonnements par les champignons continue. Presque chaque jour, les journaux en ont à enregistrer. Le 29 Août, une jeune fille de 15 ans est morte à Saint-Laurent, près d'Epinal ; le lendemain matin, c'était le tour de la mère. Quelques jours après, une femme succombait à Remiremont ; et, tout récemment, le *Petit Journal* (numéro du 4 Septembre) parlait d'un double empoisonnement arrivé à Maisons-Lafitte et causé par l'absorption de champignons cueillis dans la forêt de Saint-Germain.

L'accident de Saint-Laurent nous a rappelé celui qui survint à la fin d'Août de l'année dernière à Chêvremont, près de Belfort, et occasionna la mort d'un jeune homme et… du chat de la maison.

Tous deux sont dûs à l'*Amanite phalloïde,*

une des espèces les plus dangereuses de ce
genre si redoutable. Les effets du poison
qu'elle recèle sont d'autant plus terribles que
l'intoxication est complète, ou près de l'être,
quand les premiers symptômes se manifestent. C'est ce qu'on ne saurait trop répéter.
Le Dr Letellier, un mycologue distingué,
a donné au principe toxique des amanites
le nom d'*Amanitine*. Plus tard, Schmiede-
berg reconnut que l'amanite moucheté, ou
tue-mouches (*A. muscaria*), en contenait un
autre, quelque peu différent, qu'il appela
muscarine. Puis, Boudier, pharmacien à
Montmorency, découvrit la *bulbosine* dans
l'amanite bulbeuse ou phalloïde.

Mais ne voilà-t-il pas que cela a été trouvé
insuffisant, et, dernièrement, on a imaginé
la *phalline* comme étant le poison de cette
dernière amanite. A quand la *panthérine,*
la *vernine*, la *virosine*, la *citrinine*, la *por-
phyrine,* etc., selon que ces toxines seront
extraites des amanites panthère, printanière,
vireuse, citrine ou porphyre? Nous retom-
bons encore, très certainement, dans cette
manie synonymique que nous avons déjà

déplorée à propos de la nomenclature des champignons, et qui vient embrouiller à son tour cette question toxicologique.

On est pourtant parvenu à démontrer que l'*Amanitine* n'était qu'un avant terme de la *Muscarine*, et qu'elle peut servir à engendrer cette dernière dans les opérations de la chimie naturelle ou artificielle. N'en serait-il pas de même pour la *bulbosine*, et tout cela ne se résoudrait-il pas, en fin de compte, dans la seule *Amanitine*.

Ces substances sont ce que les chimistes appellent des *Monamines oxygénées*, qui dérivent les unes des autres suivant leur degré d'oxygénation. Qu'on la nomme *Amanitine* ou *Muscarine* ou même *Bulbosine*, cette monamine a la plus grande analogie avec la *Choline* et la *Nevrine*.

Du reste, ces poisons amanitiques ne sont encore qu'imparfaitement connus, et ce n'est pas en compliquant l'étude par des allégations hasardées ou hypothétiques que l'on parviendra à faciliter les recherches.

* *
*

De tous les champignons qui composent la nombreuse famille des agaricinées, les amanites sont ceux dont l'organisation est la plus complète. Ils sont caractérisés par l'existence d'une volve (*volva*), qui les enveloppe entièrement dans leur jeunesse et se déchire pour laisser la plante s'épanouir. Cette volve, en se rompant, laisse ordinairement des lambeaux sur le chapeau, mais toujours à la base du pied, qui est central et le plus souvent pourvu d'un collier.

Les Amanites sont donc faciles à déterminer, surtout quand, en les cueillant, on a pris la précaution de laisser le pied dans son intégrité, afin de pouvoir s'assurer de la présence de la volve qui, parfois, reste en terre.

Nous voudrions voir proscrire ce genre *en bloc*. Cela éviterait les neuf-dixièmes des empoisonnements par les champignons. Du reste, les espèces comestibles qu'il renferme sont peu nombreuses, et pour les deux ou trois qui constituent des aliments assez délicats, telles que l'Amanite à étui (*Am. vaginata*), l'Am. rougeâtre (*Am. rubescens*) et l'Am. en forme de pin (*Am. strobiliformis*), il n'est vraiment pas nécessaire d'exposer sa vie, surtout dans un but de gourmandise. Nous ne parlons pas de l'*Am. caesarea* ou oronge vraie, ni de l'*Am. ovoïdea* ou oronge blanche, qui sont des espèces méridionales, inconnues dans nos régions.

Car, en effet, si les Amanites sont faciles à distinguer des autres Agarics, il n'est pas aussi aisé de discerner leurs différentes espèces et variétés entre elles. Nous avons sous les yeux deux beaux échantillons, bien frais, bien complets et à peu près de même âge, que nous a cueillis Lalevée, de Robache, un récolteur qui s'y connaît : l'un est l'Am. rougeâtre (*Golmotte*), l'autre l'Am. panthère (*fausse Golmotte*). Eh bien ! franchement, il faut avoir une certaine habitude et une assez grande expérience des champignons pour les reconnaître à première vue. Or, les consommateurs en quête d'un repas copieux n'y regardent pas de si près ; ils les cueillent sans grande attention et les empilent dans un contenant quelconque, où ils perdent, en se flétrissant, une bonne partie de leurs carac-

2

tères distinctifs et de leur coloration primitive, au point de les rendre méconnaissables.

* *
*

Mais comment arriver à faire connaître ces cryptogames au public, afin de guider son choix ?

D'abord, il faudrait lui faire comprendre que .parmi l'immense quantité de champignons qu'on trouve partout, le plus prudent est de s'en tenir à un petit nombre qui sont indiqués pour être les plus agréables, les plus abondants et les plus sains. Le rejet absolu des Amanites découlerait de là tout naturellement. On aurait ensuite recours aux moyens pédagogiques, comme celui fourni par ces tableaux comparatifs qui ornent les murs de nos établissements scolaires. Malheureusement, ces tableaux, étant loin d'être irréprochables sous le rapport de la coloration, peuvent induire en erreur. Les couleurs sont tellement variées, la gamme des nuances de chacune d'elles est si étendue, les teintes sont si différenciées par l'exposition, l'intensité plus ou moins grande de la lumière, les conditions hygrométriques, qu'il est rare de voir les dessins coloriés avec toute la perfection désirable.

Nous avons vu jadis, dans une des vitrines de la salle des séances de la *Société d'Émulation* de Montbéliard, une jolie collection de champignons en cire, fort bien modelés et coloriés. Les différents spécimens nous ont frappé par leur expression de vérité ; on les aurait cru naturels. Nous pensons que, de tous les moyens préconisés pour généraliser la connaissance des espèces comestibles et vénéneuses, le meilleur serait l'emploi de ces sortes de collections. Sans doute, elles n'auraient pas la perfection de celle que le Dr Barla a faite pour le Musée de Nice, mais elles seraient mille fois préférables à toutes les gravures noires ou en chromo mises à la disposition de ceux qui veulent étudier la science mycologique au point de vue utilitaire.

On conçoit aisément combien le relief aide à faire retenir la forme du champignon, et son aspect, plusieurs fois répété, fait que sa figure ne s'efface plus de la mémoire. Ces modèles en cire sont coûteux, mais on dépense assez d'argent en faveur de l'instruction populaire pour pouvoir doter nos musées scolaires de collections de ce genre. Ce serait, croyons-nous, un moyen à essayer.

*
* *

Paraphrasant un passage d'un article du Dr Léveillé sur les champignons, et l'appliquant aux seules Amanites, nous dirons que les nombreux accidents qu'elles occasionnent peuvent les recommander d'une manière particulière aux méditations des savants, mais, ajouterons-nous, doivent les proscrire toutes, bonnes ou mauvaises, de l'usage alimentaire.

Prudence est mère de sûreté !...

7 Septembre 1897.

L'ÉGLISE DE SAINT-CLÉMENT
ET SES PEINTURES MURALES

On sait que pendant l'automne de l'année
dernière d'anciennes peintures à fresque ont
été découvertes dans l'église de Saint-Clément, près de Lunéville. Les journaux de
Nancy en ont plus ou moins longuement
parlé à cette époque, et les publications archéologiques et artistiques ont fourni de très
intéressants détails sur ces fresques, en en
faisant ressortir toute l'importance.

Ce fut à l'habileté, au bon goût et à l'érudition de notre cher compatriote, M. Gaston
Save, que l'on eut recours pour dégager ces
vieilles peintures murales, enfouies sous plusieurs couches de badigeon, et les restaurer
avec une science artistique véritablement
surprenante. L'œuvre, aussi minutieuse que
difficile, fut menée à bonne fin par l'artiste
dans un laps de temps relativement très

court, e t, depuis le 6 Mai de cette année, on peut voir dans l'antique église de Saint-Clément toutes ces figures admirablement reconstituées et qui forment un ensemble décoratif très remarquable. Comme le dit fort justement M. Save : « c'est un des plus importants et des plus complets monuments iconographiques du Moyen âge en Lorraine. »

Mais il ne faut pas oublier non plus la grande part que M. l'abbé J. Laval, curé de la paroisse, prit dans ces travaux. Ce fut, grâce à ses soins, à son activité, à ses incessantes démarches qu'il parvint à y intéresser la population tout entière de Saint-Clément, depuis les patrons et les artistes de la faïencerie jusqu'aux plus humbles paysans du village, dont le Conseil municipal se fit un honneur de voter le crédit nécessaire.

Nous ne pouvons qu'inviter nos lecteurs à lire dans le *Bulletin des Sociétés artistiques de l'Est* (N° de Novembre 1896), la description que M. Save a faite de ces fresques du XVe siècle, si heureusement retrouvées et restaurées en 1896-1897.

* *

*

M. le curé Laval a profité de ces circons-
tances pour faire connaître aux amateurs et
au public son église et écrire l'histoire de la
paroisse qu'il administre avec tant de zèle
et d'intelligence.

Il vient de publier, en une jolie brochure
in-8⁰ de 100 pages, une excellente monogra-
phie, enrichie de neuf gravures. Il donne
d'abord la description architecturale de son
église, curieux édifice qui se compose de
trois parties de dates différentes : la tour, du
XII⁰ siècle; le chœur, de la fin du XV⁰; et la
nef, du commencement du XVI⁰, augmentée
en 1733 de deux travées.

Il décrit ensuite les fresques du chœur, en
en faisant ressortir toutes les particularités,
au point de vue de l'iconographie et du symbolisme religieux, avec un luxe de détails
des plus instructifs. Il insiste sur l'intérêt
qu'offre le tableau peint sur la paroi de gauche et qui représente le *Dit des Trois morts
et des Trois vifs*. « Ce sujet, jadis si populaire, dit M. Save, est devenu si rare en Lorraine, que nous n'en connaissons que trois
figurations : l'une sur un vitrail daté de 1493,

à l'église de Charmes ; l'autre sur un rétable en pierre du XVIe siècle, encastré dans la façade de la chapelle du cimetière de Briey ; la troisième dans une fresque de Sainte-Ségolène de Metz. »

Après avoir consacré un chapitre aux ornements et décorations de la nef, tribune, orgue, chaire, crucifix et tableaux, peintures murales du grand mur de l'avant-chœur, M. l'abbé Laval fait l'historique de Saint-Clément, puis les biographies des curés de la paroisse, en remontant aussi haut que les documents le lui ont permis.

Dans cette galerie de prêtres, deux figures dominent : celle du chanoine Pierre de Blarru, l'auteur de la *Nancéïde*, mort à Saint-Dié en 1510, et celle du chroniqueur Laurent Chatrian, qui fut curé de Saint-Clément de 1777 à 1791.

****

La notice biographique de Pierre de Blarru se ressent tout naturellement de l'obscurité qui enveloppe une partie de la vie de notre poète national. On sait, par son testament, qu'il joignait le titre de chanoine de Saint-

Dié à celui de curé de Saint-Clément. « Mais, dit l'abbé Laval, il ne paraît pas qu'il ait exercé lui-même les fonctions du ministère paroissial, à moins qu'il n'ait reçu le titre de curé de Saint-Clément en quittant l'hôpital Notre-Dame de Nancy (en Octobre 1495), et qu'il n'ait résidé dans sa paroisse jusqu'au moment où il s'établit à Saint-Dié, vers 1497. C'est là une simple conjecture, vraisemblable en elle-même, mais que n'appuie aucun document. »

L'auteur de la *Nancéïde* est-il *Alsacien* ou *Parisien* ? Est-il né au Val d'Orbey, dans une métairie appelée le *Blanc-Rupt* et située près de l'Abbaye de Pairis, ou bien à Paris ou dans quelque localité de l'Ile-de-France. Le problème n'est pas absolument résolu, et la querelle entre les « Anciens » et les « Modernes » reste ouverte. Nous avons parlé déjà, ici même, de cette question et montré sur quoi s'appuient les partisans de l'une ou de l'autre opinion. Nous n'y reviendrons donc pas ; nous répéterons seulement que nous considérons, jusqu'à preuve contraire, Blarru comme Alsacien. M. l'abbé Laval n'est pas de cet avis et le fait naître carrément à Paris le 3 Janvier 1437.

On sait que les restes de Blarru ont été découverts récemment dans l'église Notre-Dame ou Petite-Eglise de Saint-Dié. Voici exactement dans quelles conditions :

Au mois de Juin 1893, M. Schuler, architecte diocésain, informa le Président de la *Société Philomatique vosgienne* qu'il allait entreprendre des travaux dans la Petite-Eglise, et lui demanda de désigner deux membres de la Société, chargés d'assister à ces travaux et de les diriger. Le Président désigna MM. Aubry et V. Franck, qui commencèrent leurs recherches le 15 Juin et les continuèrent les jours suivants. Il s'agissait de dépaver l'église pour la daller à neuf, et cette besogne devait permettre de s'assurer s'il n'y aurait pas là d'anciennes sépultures. Le procès-verbal des fouilles fut dressé par le capitaine Aubry avec tout le soin qu'il mettait à s'acquitter des services qu'on lui demandait. Ce fut le 16 Juin que l'on creusa le sol à l'endroit situé sous l'épitaphe de Blarru. A 1^{m}60 de profondeur, on trouva, entourés de débris de briques et de chaux, les restes d'un squelette, la face tournée vers l'inscription. La tête, assez bien conservée, fut dégagée avec précaution, et notre cher collègue M. Franck put en faire de belles épreuves photographiques. A droite et à gauche de cette sépulture, le sol naturel n'avait jamais été remué. Tout portait donc à croire que l'on venait de découvrir les restes du poète national de la Lorraine, inhumé en ce lieu dans les derniers jours de Novembre 1510.

Nous avons, à dessein, insisté sur ces détails pour montrer la participation que doit prendre notre *Société Philomatique* dans les travaux susceptibles d'amener quelques découvertes archéologiques, et pour faire valoir les services qu'elle peut rendre en pareilles occurrences. Cela est d'actualité, au moment surtout où des fouilles, pratiquées dans notre cathédrale pour la construction d'un calorifère, font rencontrer, avec d'antiques et curieux vestiges, une pierre tombale de 1369 (mccclxix).

Si la sypathique figure de Pierre de Blarru nous a arrêté pendant quelques instants, c'est qu'elle nous appartient plus particulièrement, à nous autres Déodatiens. Nous comprenons aussi pourquoi M. l'abbé Laval l'a mis en bonne place dans la série des curés de Saint-Clément, ses prédécesseurs, bien qu'il ne l'ait été, en quelque sorte, qu'*in partibus*, puisqu'il faisait gérer sa cure par un vicaire-coadjuteur entretenu à ses frais.

** **

Nous avons donc le devoir de dire que l'ouvrage que nous venons d'analyser est fort intéressant et éminemment instructif. Tous ceux qui s'occupent d'iconographie religieuse en feront leur profit, et M. le curé de Saint-Clément aura fait œuvre aussi louable qu'utile, en venant ajouter sa savante brochure aux artistiques restaurations picturales de notre collègue et ami, M. Gaston Save.

11 Novembre 1897.

BURNEQUIN DE PARROY

ET SA PIERRE TOMBALE

DANS LA CATHÉDRALE DE SAINT-DIÉ

La pierre tombale découverte, ou, pour parler plus exactement, retrouvée, il y a quelques mois dans le transept nord de la cathédrale de Saint-Dié, en faisant des travaux pour la construction d'un calorifère, est une curiosité archéologique sur laquelle il convient de donner quelques détails. Cela nous fournira l'occasion de dire ce qu'était le personnage qui, sous elle, dormit son dernier sommeil.

Cette pierre, retournée, servait de table à l'autel de l'Assomption. Elle a 1ᵐ96✕0ᵐ66, avec une épaisseur de 0ᵐ20. Son inscription,

en belles lettres gothiques profondément en-
taillées, est ainsi conçue :

† ci : git : brunek//s : de : par///e : chanonnes :
 & : chātre : de : ceans : chan : & thresoriers :
 de : toul : et : prevost : st pierre : de : remiremont : qui : trespassait : lan : m : ccclx : & ix
 : loīdemai : de : ste : lucie : — : proies pour
lvi :

La famille de Parroy, une des plus renom-
mées de la Lorraine au Moyen-Age, tirait
son nom d'une terre située non loin de Lunéville. Elle donna à l'église de Saint-Dié
plusieurs dignitaires, dont trois du nom de
Burnequin. Le premier de ces chanoines
est, pour ainsi dire, inconnu ; on sait seulement qu'il était mort en 1350. Le second est
celui dont on vient de lire l'épitaphe. Le
troisième était écolâtre et sonrier de la ville
en 1395.

***

Nous voyons, en 1361, Burnequin de
Parroy avec son frère Jean, écolâtre, et
plusieurs autres chanoines, assister à la
prestation de serment du duc Jean de Lor-

raine, jurant devant le grand autel de saint Dié de défendre l'Eglise et d'en maintenir les privilèges comme ses devanciers s'y sont obligés.

Burnequin (*Burniquin, Burnique, Bournique, Brenique, Brunckin*), fils d'Aubert ou Albert de Parroy, mourut en 1369 et fut inhumé dans l'église ou dans la galerie du cloître adossée à la cathédrale, près de la porte donnant dans le transept nord. Sa sépulture subit bien des vicissitudes. Ce devait être la simple dalle, retrouvée aujourd'hui, posée à l'origine à fleur de terre, et par suite exposée à être déplacée dans un remaniement du pavé. C'est ce qui arriva très certainement, car à l'époque de Jean Ruyr, vers 1615, elle avait disparu, et Burnequin était tellement oublié qu'on ne savait plus au juste ce qu'il était et quand il vivait. Ruyr, dans ses *Recherches sur les sainctes Antiquitez de la Vosge*, le donne même comme successeur à Philippe de Bayon en qualité de grand-prévôt de l'église de Saint-Dié. Dans ses *Mémoires historiques et chronologiques*, François de Riguet semble ne pouvoir pardonner cette erreur à Ruyr. A plusieurs reprises il cherche à la rectifier et insiste sur ce point chaque fois que l'occasion se présente. C'est ainsi qu'il écrit à l'année 1361 : « Ruyr, lorsqu'il dit que ce Burnequin de Parroy succéda à la grande-prévôté à Philippe de Bayon, qu'il dit être mort en 1356 (au lieu de 1350), et quoiqu'il en dise, il n'y a pas un de nos manuscrits qui parle de cette succession, mais il y en a plusieurs qui y sont contraires, comme se peut voir de nos rouleaux de 1341 et autres, où il est parlé d'un Burnequin de Parroy, qui est qualifié chantre. Parmi les lettres, il s'en trouve une de Burnequin de Parroy qui était sonrier en 1363, d'où il est évident qu'il y a eu deux Burnequin de Parroy, chanoines assez près l'un de l'autre, lesquels n'ont pas été grand-prévôt, non pas le premier puisque par son anniversaire il conste qu'il était décédé dans le temps que Philippe de Bayon était encore grand-prévôt. Ce ne peut être aussi le deuxième, puisqu'il est qualifié sonrier en 1363, dans le temps que Gérard Lhomme était reconnu grand-prévôt.

Burnequin de Parroy était chantre et sonrier (du Val). En 1373, on voit qu'il est mort
chantre quelques années auparavant. »

A la date de 1363, Riguet revient sur ce
sujet : « Burnequin de Parroy, dit-il, chantre
et sonrier (que Ruyr fait mal à propos suc-
céder à Philippe de Bayon, grand-prévôt,
lequel était mort en 1356), laissa en cette
année une menantie. » Même insistance à
rectifier un peu plus loin : « 1367, une lettre
de Burnequin, chantre de notre église et
sonrier du Val, qui laisse à un particulier un
pré situé à Mandray. Ceci confirme ce que
j'ai dit déjà, qu'il n'est pas vrai que ce Burnequin a succédé à Philippe de Bayon, ainsi
que le dit Ruyr. » Il revient encore à la
charge, pour l'année 1373, en disant : « Lettre
de 45 livres de rente sur une maison et autres pièces à Saint-Léonard, et par laquelle
on voit, contre le sentiment de Ruyr, que
Burnequin de Parroy est mort chantre et
n'a pas été grand-prévôt, mais bien prévôt
de l'église de Remiremont, ainsi qu'il se voit
par une autre lettre de 1374. »

Par ces citations, peut-être un peu longues, on voit qu'à l'époque où Francois de Riguet écrivait ses *Mémoires*, c'est-à-dire vers 1665, comme au temps de Jean Ruyr, les renseignements biographiques sur Burnequin II faisaient presqu'entièrement défaut. Sa tombe était donc perdue depuis bien des années, puisque sans quelques lettres conservées aux archives capitulaires, sa mémoire aurait été complètement oubliée. Si Ruyr, trompé sans doute par cette qualification de *prévôt* qu'une tradition de son église attribuait vaguement à Burnequin II, en faisait un grand-prévôt de Saint-Dié, Riguet n'était guère mieux informé sur d'autres points puisqu'il ignorait absolument l'époque de sa mort : « Dans un rouleau de comptes de 1373, dit-il, on voit que Jean de Parroy devait au Chapitre 40 florins pour sa maison qui fut à son frère, le chantre. C'était Burnequin qui, peut-être, était mort en cette année. » Preuve évidente que depuis une très longue suite d'années il n'y avait plus trace de sa sépulture.

Il est resté, de ce Burnequin, un sceau que M. Gaston Save a décrit et représenté (fig. 81) dans sa *Sigillographie de Saint-Dié* (Bull. de la Soc. phil. vosg., t. xiv, 1888-89, pp. 103-240, et 117 fig. en 24 pl.) C'est un sceau ogival de 0^{m}05 sur 0^{m}035. « La partie supérieure est occupée par une architecture ogivale formant une grande niche, surmontée d'un dais et accostée de deux pinacles terminés par des fleurons, dans laquelle est debout, vu en pied, un évêque mitré, le col de la chasuble très-élevé, tenant de la main gauche une crosse à volute en dehors, et de la droite, sur sa poitrine, un objet indistinct. Au dessous de lui, sous une arcade cintrée entourée de maçonnerie, un personnage est à genoux, de profil à gauche, les mains jointes. La légende, incomplète, et en minuscules gothiques, est : burneh.... errea..... sci. deodati. cant. deodati. » M. Save ne s'explique pas la répétition de ce dernier mot. Relevons, à ce propos, la petite erreur qu'il fait en disant que ce chantre était déjà chanoine de Saint-Dié en 1347. On a vu qu'à cette date c'était Burnequin I, mort avant 1350.

* *
*

Tout contre l'autel de l'Assomption, sur lequel fut retrouvée la dalle tumulaire, on a mis à découvert, sous des boiseries modernes posées là à la fin du siècle dernier ou au commencement de celui-ci, une niche ogivale à arcature trilobée. On pouvait supposer que cette niche avait été faite pour abriter la tombe. Ce n'est pas notre avis, car elle est bien postérieure à la mort du chanoine, et, d'après certains détails d'architecture, elle doit dater de la fin du XVe siècle ou du début du siècle suivant. Ce qu'il y a de plus sûr, c'est que cette pierre reparut au jour dans la première moitié du XVIIIe siècle, et qu'alors, utilisant la niche, on l'y plaça, puisque Dom Calmet la vit « sous une arcade du transept » et en copia l'épitaphe, qu'il publia dans sa *Généalogie de la Maison de Parroy.*

Nouvel acte de vandalisme irrespectueux lorsqu'on aménagea la chapelle de l'Assomption telle qu'elle était encore tout dernièrement. Cette fois, la pierre tombale fut enlevée et, retournée sens dessus dessous, servit de support à une table d'autel.

En résumé, cette trouvaille est des plus

intéressantes et mérite d'être signalée à l'attention des amateurs de choses antiques comme une des curiosités archéologiques de notre cathédrale.

28 Mars 1898.

c'est bien d'une *découverte* qu'il s'agit — un troisième portrait de l'avant-dernier roi de Maurétanie, cela ne vous paraît-il pas un « comble ? »

C'est à Gérardmer, dans la maison de M. Henri Boucher, et sur le bureau du Ministre actuel du Commerce, que, par le plus grand des hasards, un archéologue distingué, M. P. Gauckler, a trouvé la nouvelle tête dont il a pu identifier les traits avec ceux des deux figures déjà connues.

Cette surprenante et curieuse découverte est racontée avec détails par celui qui a eu la chance de la faire dans un Bulletin supplémentaire que la *Société de Géographie et d'Archéologie de la province d'Oran* vient de faire paraître à l'occasion du 20e anniversaire de sa fondation.

Laissons M. Gauckler nous décrire sa jolie trouvaille. En le lisant, nous partagerons la surprise qu'il dut éprouver à la rencontre, sur la table d'un industriel vosgien et réduit au modeste rôle de presse-papier, le portrait d'un prince africain.

« L'objet, dit-il, avait été donné, il y a

quelque vingt-cinq ans, à son propriétaire actuel, par un de ses camarades de l'École de Droit, un étudiant hellène, nommé Mavrocordato, qui paraît être retourné depuis dans son pays d'origine et dont on a perdu les traces. Je n'ai donc pu avoir aucun détail sur la provenance ni sur la date de sa découverte. Il est probable, étant donnée la nationalité de son premier possesseur, que la tête a été trouvée en Grèce. Elle est en marbre de Paros et sensiblement plus petite que nature.

« Elle était faite, comme il arrive si souvent pour les statues antiques, et comme c'est précisément le cas pour le portrait de de Juba II, conservé au Musée de Cherchell, de deux morceaux sculptés à part et raccordés suivant une section allant du menton au bas de l'occiput. La partie inférieure s'est détachée et manque. Le reste est bien conservé, à l'exception du nez, qui est brisé.

« C'est une œuvre gréco-romaine d'un très bon style. Elle représente un homme dans la force de l'âge, aux cheveux bouclés, un peu crépus, ceints du large bandeau d'étoffe qui symbolise le pouvoir royal. La face prognathe, large et plate, entre deux oreilles étrangement obliques, est entièrement rasée; le front, d'un modelé puissant, se bombe au-dessus de l'arcade sourcilière très saillante; la bouche lippue est d'un dessin très ferme; la mâchoire, carrée et proéminente, s'accorde bien avec le menton massif.

« Ces traits caractéristiques se retrouvent plus ou moins accusés sur les deux têtes trouvées à Cherchell. Les trois marbres ont une parenté évidente : ils représentent le même personnage à trois époques différentes, dans sa première jeunesse, dans l'âge mûr et au seuil de la vieillesse. Entre les deux extrêmes déjà connus, la tête de la collection Boucher s'intercale comme un moyen terme; elle complète la série et facilite la transition qui pouvait paraître trop brusque entre le portrait du bel éphèbe très idéalisé, découvert en premier lieu, et l'image singulièrement brutale de vieillard aux chairs flasques et ridées, aux traits durs et heurtés, qu'on nous a présentée ensuite. Elle achève de déterminer le type de Juba II, et

nous permet de rejeter désormais dans l'a-
nonymat toutes les têtes qui s'en écartent et
que l'on a essayé à tort d'attribuer au roi de
Maurétanie. »

Je ne voudrais pas pour rien au monde
douter un seul instant des appréciations
d'un archéologue aussi éminent qu'exercé.
Néanmoins, je vous le dis bien bas et tout en
confidence, je ne mettrais pas ma main au
feu que cette tête, égarée à Gérardmer et si
fortuitement retrouvée, est réellement celle
de Juba II, roi de Maurétanie et père de
Ptolémée, dernier souverain de ce pays
d'Afrique.

Il y a, voyez-vous, tant de figures qui se
ressemblent, surtout quand elles n'ont plus
de nez ! Après tout, c'est encore possible...

14 Avril 1898.

LES PLAQUES DE FOYER
DU MUSÉE DE SAINT-DIÉ

Depuis quelques années, on s'occupe beaucoup de ces plaques de fonte historiées, ou contrefeux, plus connues dans notre pays sous le nom de *taques*, qui servaient jadis à l'ornementation des cheminées. C'est que le sujet est vraiment digne de l'étude des érudits, et les amateurs rendent un grand service en les rassemblant et en les sauvant d'une destruction certaine, par ce temps de démolition de nos anciennes demeures. Le public lui-même commence à comprendre qu'il y a quelque intérêt à les conserver, et quand il les rencontre, au lieu de les vendre à la vieille fonte, il les met de côté pour les offrir à des collectionneurs ou à des musées.

En Lorraine, où les études archéologiques

sont en honneur depuis longtemps, on a toujours cherché à recueillir ces vieux monuments domestiques qui, sous la suie qui les recouvre et les rend frustes, n'en ont pas moins une certaine valeur artistique, et aident puissamment l'historien dans ses recherches héraldiques sur les anciennes familles. On a fait sur eux de fort bonnes études, et les travaux de MM. de Marsy, Léon Germain, Maxe-Werly, Arthur Benoît, pour ne citer que quelques savants de notre connaissance, sont là pour affirmer que le sujet en vaut la peine. Un collaborateur de l'*Intermédiaire des Chercheurs et Curieux* n'a-t-il pas été jusqu'à proposer d'en faire une exposition à Paris, en 1900 ?

A l'heure qn'il est, les musées lorrains offrent d'importantes collections de *taques*. Il y en a de fort belles à Nancy et à Bar-le-Duc, car on a devancé, dans notre province, le vœu émis dernièrement par M. de Marsy, de « ne pas négliger de recueillir les plaques qu'on peut rencontrer, ou tout au moins d'en prendre le dessin. »

L'année dernière, au Congrès des Sociétés

savantes de la Sorbonne, M. Maxe-Werly, un des membres correspondants de notre *Société philomatique,* a appelé l'attention sur les différents types de plaques de foyer conservées dans les musées. Il a insisté sur l'intérêt qu'elles présentent au point de vue héraldique et a décrit de nombreuses plaques aux armes des familles du Barrois. Recherchant ensuite à quelle époque on a commencé à fondre des plaques de foyer dans le Barrois, il a signalé la fonderie de Cousances, en pleine activité dès le XVIe siècle, comme l'un des ateliers qui a produit des plaques d'un caractère particulièrement artistique.

.

La collection de *taques* du Musée de Saint-Dié est loin d'être nombreuse, mais elle n'en est pas moins d'ores et déjà très intéressante par la beauté et la rareté de quelques-unes. Telle qu'elle est, elle peut être classée d'après l'ordre proposé par M. le baron de Rivières dans sa notice sur *Les Plaques de foyer,* publiée en 1893 dans le *Bulletin archéologique de Tarn-et-Garonne.* Cette classification est des plus simples et ne comporte que trois catégories, d'après les sujets représentés : 1º Ancien Testament; 2º Nouveau Testament; 3º Blasons. Dans cette dernière, le blason prime le sujet quel que soit son importance. On pourrait en ajouter une autre, où il n'y aurait que des rinceaux, des fleurs ou toute autre ornementation plus ou moins riche et compliquée.

D'après cette classification, notre petite collection se décomposerait ainsi : sept plaques dans la première catégorie; quatre dans la seconde; dix-neuf dans la troisième, et trois dans la quatrième. On voit que ce sont les plaques à armoiries qui dominent.

La plupart proviennent de Saint-Dié même. Elles ont été déplacées lors de travaux de réparations et d'aménagements exécutés dans d'anciennes maisons, et données au Musée par leurs propriétaires.

La maison où est actuellement l'hospice Saint-Joseph, en a fourni trois. C'était autrefois un hôtel qui, après avoir appartenu successivement à M. de Redoubté, grand écuyer de Lorraine, à M. de Bazelaire, conseiller au Parlement, aux familles de Comeau et de Golbéry, fut acheté dans ces derniers temps par l'abbé J. Marchal, aujourd'hui curé de Mattaincourt, qui le convertit en établissement de charité.

La maison Lung, dans la rue Thiers, était, en 1500, l'hôtel de Reynette, une des plus illustres familles de notre ville. Elle passa ensuite aux mains des Spitzemberg, qui la possédaient encore à l'époque de la Révolution, au moment où se déroula l'horrible drame des 1er et 2 Septembre 1793. C'est de cette seigneuriale demeure que viennent trois de nos plus belles plaques, offertes par M. Charles Tanant. L'une, la plus anciennne de notre collection, porte la date de 1577 et représente Jésus-Christ crucifié entre les deux larrons, et, au-dessous, l'ensevelissement. Sa surface est de $0^m83 \times 0^m53$. Une autre, d'origine allemande, comme la précédente, a pour sujet le miracle de l'huile de la veuve ; elle a $0^m68 \times 0^m77$. Ce sujet, paraît-il, était souvent représenté, car notre Musée en possède trois reproductions, avec variantes. Mais la plus curieuse des plaques de la maison Lung, et qui offre en même temps un réel intérêt historique local, provient de l'abbaye bénédictine d'Ebersmünster, près de Benfeld, dont elle porte les armoiries. L'écu est écartelé : les 1er et 4e avec un chameau passant, qui sont les armes d'Edmond Fronhoffer, qui gouverna le monastère de 1730 à 1771; les 2e et 3e au sanglier debout, qui sont celles de l'abbaye, *apri monasterium*. Dim. $0^m85 \times 0^m85$. Nous possédons le dessin d'un *ex-libris* avec le même blason, donné l'année dernière par le R. P. Ingold, de l'Oratoire, dans la *Revue des Amateurs d'* « *ex-libris* » du Dr Bouland, de Paris, et où l'on voit deux écussons accolés, celui de gauche au sanglier debout et l'autre au chameau passant, surmontés, comme dans notre plaque, d'une mitre d'abbé avec crosse en sautoir. C'était la marque des ouvrages de la bibliothèque personnelle du même abbé Fronhoffer.

C'est dans un de ses immeubles que M. Hippolyte Poupar, ancien notaire, a trouvé une plaque des plus rares. Elle représente la scène du roi David et de Bethsabée : de la terrasse de son palais, le roi, la harpe à la

main, regarde la femme d'Urie, accompagnée
de deux servantes, dont l'une lui lave les
pieds; à côté une fontaine avec vasque; dans
le fond, un monument de style oriental avec
coupole bulbeuse Dim. $0^m96 \times 0^m86$. Ce sujet
est d'une grande rareté, car M. A. Benoît,
qui pourtant s'y connaissait, nous disait ne
l'avoir jamais vu.

M. Alexandre, marchand de ferrailles (rue
d'Hellieule), a donné une plaque représen-
tant sous un portique, un empereur debout,
avec barbe et moustache; il porte l'armure
de chevalier avec le manteau, et tient une
épée de la main droite. La couronne impé-
riale caractérise bien le personnage. Dim.
$0^m85 \times 0^m57$. Cette plaque est rare; dans la
collection des forges d'Esch, il y a un sujet
semblable. Ne serait-ce pas Charlemagne,
l'empereur *à la barbe florie?*

Il y a plusieurs plaques de foyer aux armes
de Lorraine, ce qui est tout naturel dans ce
pays; d'autres à celles de France et de Lorraine (Anne-Charlotte d'Orléans, régente de
Lorraine). Une porte l'écusson de France
accolé à celui de Pologne et Lithuanie, avec

à l'entour le cordon de l'Ordre du Saint-Esprit; celle-ci est d'assez grande dimension : 1m02×0m88. Il y en a aussi avec l'écu de France, et enfin une superbe portant les armoiries du royaume d'Espagne et datant très probablement du temps de Philippe IV.

Nous avons gardé pour la bonne bouche, parce qu'elles ont un intérêt tout à fait local, deux curieuses plaques aux armes de la maison de Salm : deux saumons adossés. L'une, offerte par M. Keuffer, maire de Moyenmoutier, porte le millésime de 1611 ; le comte de Salm, rhingrave Frédéric I, était mort l'année précédente à l'âge de 63 ans. L'autre, donnée par M. Valentin, de Senones, est de 1625; Philippe-Othon régnait et venait d'être créé le 8 Janvier 1623 prince du Saint-Empire, après avoir abjuré la religion protestante (né en 1575, mort en 1634). Elles ont été très vraisemblablement fondues aux forges de Grandfontaine et de Framont, au comté de Salm. Elles sont bien à leur place au Musée de Saint-Dié, où l'on cherche à rassembler tous les objets qui se rapportent au passé historique de l'ancienne principauté. Il doit y avoir, dans les vallées du Rabodeau et de la Plaine, quelques maisons qui possèdent encore des *taques* du temps des souverains de ce joli coin des Vosges. Il serait vivement à désirer que les propriétaires, au lieu de les briser pour en vendre, à un prix minime, les morceaux à la ferraille, voulussent bien les offrir au Musée du chef-lieu d'arrondissement, où ils auraient la satisfaction de les voir brossées, décapées et proprement frottées de mine de plomb, munies d'une étiquette explicative à leur nom.

***

« A quelque chose malheur est bon, » dit un vieux proverbe. Dans les temps néfastes de la Révolution, où tout devint sujet de haine et de suspicion, rien n'échappa à l'œil vigilant de ceux qui voulaient faire dater d'eux-mêmes l'histoire nationale. Les humbles *taques*, toutes noires et toutes enfumées qu'elles étaient, blotties au fond de leurs cheminées, n'avaient-elles pas des blasons qui rappelaient les crimes et la tyrannie des rois et des nobles? Vite, il fallut débarrasser le foyer de ces inoffensifs ornements. Un décret de la Convention du 22 vendémiaire an II de la République ordonna de les faire disparaître. On éluda la loi, en se contentant presque partout de les retourner, et voilà pourquoi on est tout étonné de retrouver aujourd'hui tant de plaques armoriées, historiées, ornées de légendes, d'emblêmes ou de scènes mythologiques et bibliques.

30 Mai 1898.

LE CHANOINE DU LYS

ET LE

PÈLERINAGE DES TROIS-ÉPIS

Dans le milieu du XVIIe siècle vivait au Chapitre de Saint-Dié un homme pieux, bienfaisant, aimé et considéré de tout le monde. Les autorités ecclésiastiques, aussi bien que les autorités séculières, l'avaient en haute estime. D'une famille honorable et honorée, s'il en fut, car il descendait de celle de Pierre d'Arc, le frère puîné de Jeanne, il possédait une certaine fortune, qu'il employait en œuvres de charité, donnant tout aux pauvres et aux malades, ne se réservant pour lui-même que le strict nécessaire. Chacun respectait le chanoine Pierre du Lys, puisqu'il y avait bien peu de gens dans Saint-Dié qui ne lui dussent secours, conseils et consolations. Il habitait dans la rue *Cachée,* la vieille *Coinchiérue* d'autrefois, centre du quartier canonial, une grande et vaste maison, qui appartint dans la suite aux chanoines Charles d'Autriche et de Montauban, puis devint collège communal et disparut enfin pour faire place à la rue de l'*Orphelinat*.

Vers 1650, le chanoine du Lys revenait de la Haute-Alsace, où il avait été comme administrateur des biens que le Chapitre possédait dans cette province. Il avait passé près des Trois-Epis, lieu célèbre par de saintes légendes et par les prodiges nombreux qu'opérait une image miraculeuse de la Vierge. Il fut attristé jusqu'aux larmes par la vue de ce pèlerinage désert et des débris de la chapelle, incendiée quatorze ans auparavant par trois soldats suédois. Il résolut de relever ces ruines, de reconstruire la chapelle et d'y adosser un bâtiment pour y loger quelques religieux, destinés à desservir l'autel et le confessionnal.

L'évêque de Bâle, dans le diocèse duquel se trouvait le pèlerinage, consentit à cette œuvre de restauration, et le chanoine du Lys se mit aussitôt à la besogne. Grâce à ses soins et à une habile direction, les travaux furent rapidement achevés, et, au bout de quelque temps, on vit s'élever le nouveau pèlerinage de Notre-Dame-des-Trois-Epis, bien plus beau qu'auparavant et prêt à reconquérir son ancienne célébrité.

Le chanoine de Saint-Dié appela dans le couvent, doté par lui, six religieux de la congrégation du Saint-Rédempteur, qu'il fit venir de Lorraine ; mais ces moines ne remplirent pas les intentions du fondateur. Ne possédant pas ou très peu la langue allemande, indispensable dans l'exercice de leurs fonctions dans ce lieu, fréquenté principalement par les populations de l'Alsace, du Brisgau, du Palatinat et de la Lorraine-Allemande, ils furent remplacés, en 1660, du consentement de l'évèque de Bâle, Jean-Conrard I de Roggenbach, par des moines français de l'ordre de Saint-Antoine-Viennois. Le pèlerinage dépendit à partir de ce moment de la commanderie d'Issenheim, mère de plusieurs prieurés de cet ordre en Alsace, et dont le plus remarquable était celui de Froideval, près de Belfort.

Les Antonites ne desservirent pas longtemps le pèlerinage des Trois-Epis. Le chanoine du Lys entra peu après dans l'ordre des Chevaliers de Saint-Lazare qui prenait alors une grande extention. Par cette admission du fondateur, le pèlerinage échut à cet ordre, qui en confia la desserte aux Capucins de Colmar, auxquels elle resta jusqu'à la Révolution française.

Du Lys parait avoir adopté comme résidence définitive le village de Katzenthal, situé tout près de son lieu de prédilection. Il y mourut le 14 Novembre 1688, à l'âge de 88 ans, et fut inhumé dans l'église, sous l'autel de la Sainte-Vierge.

Lorsqu'en 1792, les commissaires du district de Colmar firent l'inventaire des objets que renfermait la chapelle, ils constatèrent la présence, « sur le tabernacle du maître-autel, de la statue en terre cuite de la Vierge des Trois-Epis. » Après la suppression du pèlerinage, la madone échut à l'église paroissiale d'Ammerschwihr ; mais, en 1804, elle fut reportée solennellement à la place qu'elle occupait primitivement dans le sanctuaire des Trois-Epis.

Le nom et le souvenir du pieux et vénérable abbé du Lys doivent être conservés dans la mémoire de tous ceux qui visitent les Trois-Epis, ainsi que dans celle des habitants de Saint-Dié.

L'église est bien loin de répondre à ce qu'on serait en droit d'attendre d'un pèlerinage si renommé. Elle a peu de caractère. L'ensemble des bâtiments rappelle la restauration du chanoine déodatien. Mais que le site est délicieux ! De la place devant l'église, la vue est admirable sur la vallée de Munster, la plaine du Haut-Rhin et les montagnes de la Forêt-Noire. Vous voyez les magnifiques ruines du Hoh-Landsberg et celles du Plixbourg ; plus loin, celles de Schrankenfels, de Wasserburg et de Schwartzburg. A vos pieds, la Fecht se tord comme un serpent d'argent sur le tapis vert des prairies.

Un site aussi pittoresque, aussi romantique, devait nécessairement faire naître de gracieuses et poétiques légendes. Ce sont en effet des légendes que nous trouvons à l'origine de ce pèlerinage que l'on raconte de diverses manières.

Suivant la *Topographia* d'Ichstersheim, un impie ayant retiré de sa bouche l'hostie sainte, l'aurait jetée loin de lui en passant dans ce lieu désert. Mais l'hostie reste suspendue à trois épis doucement balancés dans l'air; des abeilles l'entourent aussitôt, lui font un tabernacle de cire, et la nuit on entend une musique céleste autour de ce pain des anges abandonné dans la solitude de la montagne. Alors l'impie, converti par ce miracle, reconnaît l'énormité de son sacrilége; il se repent, se présente au tribunal de la pénitence, et une chapelle est bâtie sur le lieu même où le crime et le miracle se sont accomplis. Ce récit est intéressant en ce sens qu'il explique en même temps le nom donné à la chapelle : *Drei Ahren.*

Ce n'est pas là toutefois la tradition la plus généralement admise. Nous empruntons à une relation très peu connue, et que M. J.-J. Diétrich attribue aux Antonites d'Issenheim, quelques détails sur les faits qui ont déterminé la fondation du pèlerinage :

« Le lieu où se fit le miracle de Notre Dame des Trois-Epis est sur le ban d'Amerschevir, et sur le grand chemin qui allait d'Alsace en Lorraine, où les habitants du voisinage mirent sur un chêne une statue de Notre Dame de Pitié, tenant sur ses genoux notre Sauveur en l'état qu'il étoit lorsqu'on le descendit de la Croix, pour exciter les passants à prier Dieu pour le soulagement de l'âme d'un homme qui y mourut d'un accident fatal.

« Cette statue demeura sur ce chêne jusqu'à l'année mil quatre cent quatre vingt onze. En ce tems, Dieu qui vouloit que la Sainte Vierge Marie fut honorée en ce lieu et qu'elle y fut l'azile des pêcheurs, choisit pour cet effect un homme selon son cœur qui put s'acquitter de cet employe. Cet homme chéri de Dieu fut un bourgeois du village d'Orbey, qui se nommait Théodore Shore, qui toutes les fois qu'il alloit achepter du blé au marché de Morschewir descendoit de cheval et flechilsoit les genouils pour faire avec affection sa prière ordinaire devant la statue de la Sainte Vierge placée sur le chêne.

« Pour lors la Vierge-Marie voïant la piété de son serviteur, le voulut un jour gratifier de sa présence, et l'établir en même tems médiateur de sa miséricorde divine à l'égard des pescheurs. Cette apparition arriva l'année susdite, *le troisième jour de May* auquel l'église solemnise l'invention de la Sainte Croix sur les dix heures du matin ; la Sainte Vierge, tenant en sa main droite trois épis de froment et sur la gauche un glaçon, parla en ces termes à Théodore d'une voix claire et distincte :

« Théodore, va-t-en au bourg de Morschevir, et dit aux habitants de ce lieu de changer de vie, de faire pénitence sans délay de leurs crimes, s'ils ne veulent éprouver les iustes ressentiments de la colère divine irritée contre eux ; asseure les que s'ils ne profitent des advertissements que tu leurs fera de ma part, ils verront bientôt, et eux et toute l'Alsace, gémir par la disette du blé et du vin, ce que je leur donne à connoitre par le glaçon que je tiens : S'ils se convertissent, tu leurs pourra promettre mon secours et ma protection signifiée par les trois épis que tu vois en ma main ; pourveu néanmoins que pour marque de leur repentance, ils viennent en ce lieu que j'ay choisi pour ma

demeure, m'offrir leurs vœux et leurs priè-
res, ou ils obtiendront par mon intercession
le pardon de leurs crimes, tout énormes
qu'ils puissent estre.

« La Sainte Vierge disparut après avoir
déclaré ses sentiments, et Théodore, conti-
nuant son chemin, pensoit en luy même au
comandement qu'il avoit receu..... »

Bornons cette citation, déjà longue, et ré-
sumons la suite de notre récit. Théodore ou
Thierry Schor, que Jean Ruyr, dans ses
Sainctes Antiquités de la Vosge, dit avoir été
maréchal-ferrant à Orbey, réfléchit, se demanda si le peuple écouterait ses histoires
merveilleuses, et pensa, avant tout, à faire
ses propres affaires. Arrivé à Nieder-Mors-
chwihr, il s'occupa de faire sa provision de
grains en cas de disette. Mais lorsqu'il voulut charger ses sacs sur son cheval, grande
fut sa surprise de n'en pouvoir soulever aucun. « Il demande l'assistance de ceux qui
étaient à ses côtés, mais tous leurs efforts
sont inutiles, pour ce que Dieu permit que
le sac fut immobile afin que ses décrets di-
vins s'accomplissent et que Théodore soit

puni de sa désobéissance. » Alors seulement il se souvient de l'apparition du chêne; il la conte à la multitude assemblée. Aussitôt les sacs, légers comme des plumes, se laissent charger, la foule le suit en procession ; on s'agenouille devant l'image miraculeuse, et bientôt les dons des fidèles sont si abondants qu'une chapelle s'élève à côté du chêne de la forêt. Elle devait être construite en 1494, car c'est à partir de cette époque que la série des miracles commença et que les pèlerins accoururent en foule.

Cette relation, qui paraît avoir été écrite du temps des Antonites et, par conséquent, du vivant même du chanoine du Lys, donne la date du 3 Mai 1491, jour de l'*Invention* de la Sainte-Croix. Il y a donc lieu de préférer cette date à celle du 14 Septembre de la même année, indiquée par quelques auteurs, trompés, sans doute, par la raison qu'à ce dernier quantième correspond la fête de l'*Exaltation* de cette même Croix. On conçoit qu'une confusion ait pu se faire aisément.

***

Dans un travail publié dans la *Revue d'Alsace* en 1862, M. Max de Ring a étudié le symbolisme du pèlerinage des Trois-Épis. Nous renvoyons le lecteur curieux de connaître à fond ce sujet à cette étude, traitée avec une grande érudition.

Il existe plusieurs représentations iconographiques de la Vierge miraculeuse, mais la plus curieuse est sans contredit la vieille gravure sur bois de la fin du XVe siècle, qui représente l'apparition de la Sainte Vierge à Théodore Schor, le 3 Mai 1491, et qui a été reproduite pour la première fois en 1874 par M. J.-J. Diétrich dans le Bulletin de la *Société belfortaine d'Émulation*, et en 1892 par M. Aug. Reinhard dans son livre sur les *Trois-Épis et environs*. L'original de cette gravure est à la bibliothèque de Colmar. Elle donne la certitude que l'image exposée à la vénération des pèlerins dans l'église actuelle est celle qui était jadis suspendue au tronc du chêne et devant laquelle s'agenouillait si dévotement le pieux Théodore. Dans l'incendie de 1636 qui détruisit l'église avec tout ce qu'elle renfermait, la statuette en terre cuite

resta intacte, tandis que tout ce qui l'entourait fut consumé par le feu, au dire des nombreux témoins que le désastre avait attirés sur la montagne. L'un d'eux a même affirmé par écrit « que le petit vieu imayge miracu-
« leu estoit dans son lieu ordinaire du costé
« gauche dans le cœure sans blessure, que
« le voïél ou linge blanc transparant estoit
« en partie attaint du feu et que l'autre par.
« tie estoit entier d'une manière que ce feu
« n'auoit pu estre esteint que par une voye
« particulière de Dieu, que le pied de l'autel
« sur lequel ledit imaige auoit esté posé es-
« toit brullé dessoubs, et estoit encore entier
« par debsus comme auparavant, ce que
« tout le monde auoit veu avec admira-
« tion. »

Si l'Alsace et les Vosges ont conservé ce pèlerinage si renommé, autour duquel se sont groupés de nos jours de confortables hôtels qui font du site enchanteur des Trois-Épis une station estivale des plus délicieuses, c'est grâce à la piété et à l'initiative de l'abbé Pierre du Lys. Il était donc bon de rappeler au souvenir de nos compatriotes, trop oublieux des choses du passé, le nom d'un des plus vénérables chanoines de l'ancienne collégiale de Saint-Dié, qui a fourni tant d'hommes distingués.

9 Juin 1898.

TABLE DES MATIÈRES

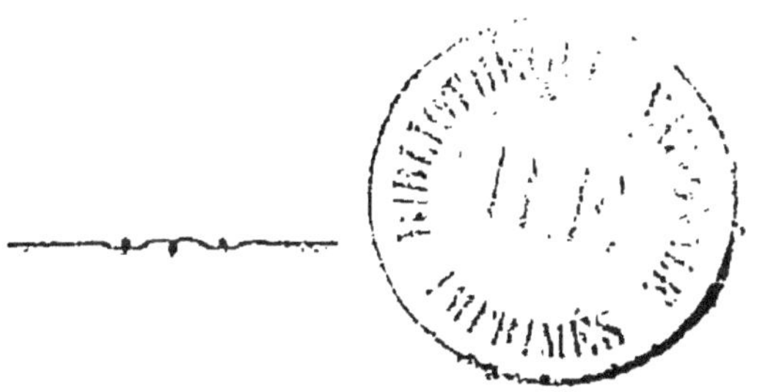

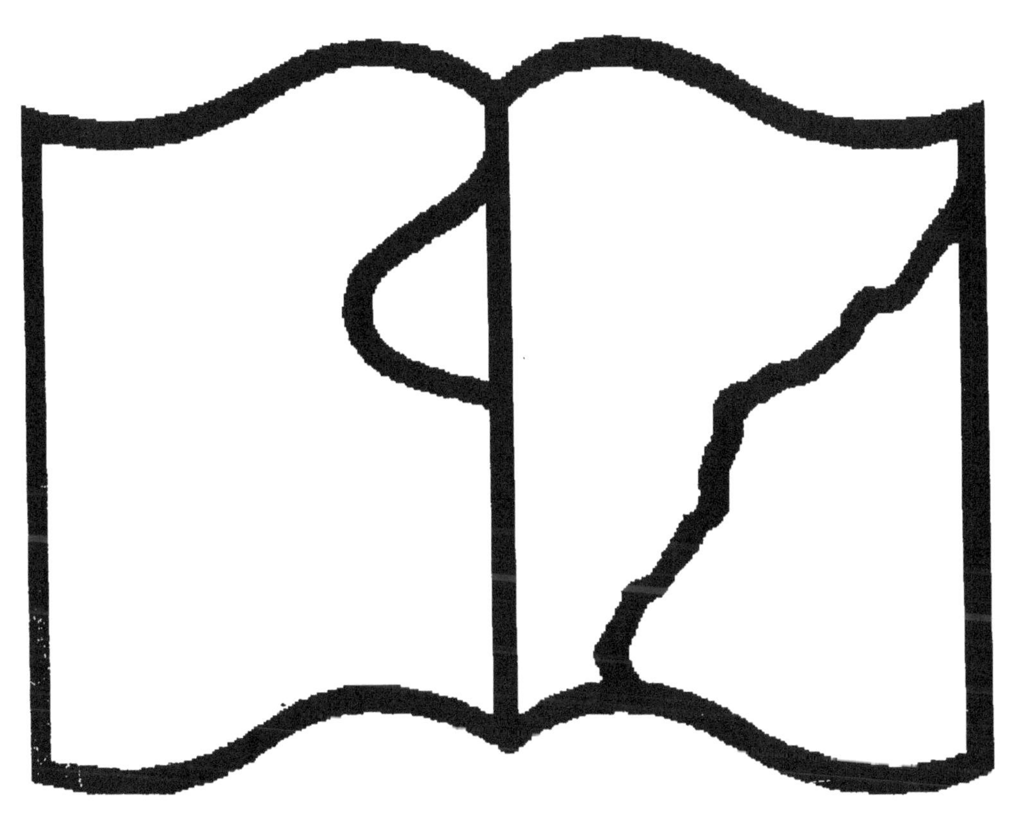

Texte détérioré - reliure défectueuse

NF Z 43-120-11

www.ingramcontent.com/pod-product-compliance
Lightning Source LLC
Chambersburg PA
CBHW062307070726
47596CB00009B/790